JOSEPH SIREN

LE Socialisme Dualiste

PRIX : 1 FR

S'adresser à l'Auteur
SAINT-GEORGES-D'ESPÉRANCHE (ISÈRE)

1902

JOSEPH SIREN

LE

Socialisme Dualiste

PRIX : 1 FR.

S'adresser à l'Auteur
SAINT-GEORGES-D'ESPÉRANCHE (ISÈRE)

1902

Préface

La mentalité des individus dépend surtout de la philosophie et de l'organisation économique de la société.

Au chaos économique et au fétichisme correspond une mentalité inférieure qui se modifie et s'élève dès qu'apparaissent la science et une philosophie plus pure.

L'ouvrier qui manie la moissonneuse-lieuse n'a déjà plus la même manière de penser que celui qui emploie la faucille et, d'autre part, dans des conditions économiques semblables, le chrétien, l'israélite, le mahométan, le positiviste auront cependant une mentalité différente.

L'élément économique et l'élément religieux

sont donc les deux facteurs principaux de la mentalité.

Ces deux éléments se retrouvent dans l'homme. Ils constituent sa nature, sa physiologie et sa psychologie, et comme leur parallélisme et leur influence réciproque sont une loi scientifique, le progrès de l'individu et de la société, pour être régulier et harmonieux, exigerait une évolution économique et une évolution philosophique simultanées.

Le socialisme moderne représente principalement le côté économique du mouvement humain dont tout le monde pressent la venue prochaine.

Mais il est, en partie du moins, une erreur de psychologie, parce qu'il n'a pas conscience de la nécessité d'accomplir, en même temps, une évolution religieuse parallèle.

Et cependant en cette matière, ni la négation, ni la neutralité, ni l'indifférence ne sont possibles. L'homme, métaphysicien de nature, éprouve le besoin de rattacher les phénomènes de la vie individuelle et sociale à une conception totale du monde.

D'un autre côté, le peuple n'a étudié ni Spinoza, ni Hegel, ni Darvin. Il ne sait rien des philosophies humaines, la plupart aussi incompréhensibles que fastidieuses.

Il est chrétien. C'est par conséquent dans le sein même du catholicisme que cette évolution doit se réaliser puisque le catholicisme est, pour ainsi dire, le protestantisme et le judaïsme n'étant que des minorités infimes, la seule philosophie organisée de la nation.

Cette évolution religieuse en quoi doit-elle consister? Que doit-être l'évolution économique correspondante?

Nous avons eu l'ambition d'en tracer les lignes principales.

A ceux qui ont du loisir de reprendre ce travail et de le développer. (1)

(1) Il y a deux sciences fondamentales qui forment l'ossature de nos connaissances : la science religieuse chrétienne et la science mathématique.

Sous le nom de mathématique, nous comprenons les mathématiques pures, les mathématiques appliquées et les sciences telles la Physique et la Chimie, où intervient la formule mathématique.

Il y a deux sortes de lois : les lois religieuses et les lois scientifiques.

Dans ce travail, sont donc synonymes, d'une part, les termes, science et mathématique ; de l'autre, les épithètes, scientifique et mathématique.

Le Socialisme dualiste

Le prêtre disserte sur des vertus abstraites.

Il dit : Cherchez à atteindre la perfection morale, que des sentiments d'amour et d'humanité soient la vie de votre cœur, que des idées de beauté surnaturelle soient l'ivresse de votre cerveau, et il oublie d'indiquer les conditions économiques nécessaires à la naissance et au développement de ces fortes vertus.

Il parle de devoirs religieux et il ignore le droit à la vie.

Le socialiste dit : Emparez-vous des richesses sociales. Procédez à l'organisation du travail, et, à l'aide de la science, créez une société nouvelle, où pourront s'épanouir vos facultés latentes. Mais, de son côté, il ne pense pas à signaler ce que l'homme devra faire dans les moments où la tristesse et le chagrin viendront l'assaillir. Il ne dit pas non plus que, pour être heureux, il faut être pur et savoir dominer ses passions.

Il parle de droit à la vie et il ignore les devoirs religieux,

Le prêtre et le socialiste se complètent.

Le prêtre doit devenir socialiste et le socialiste religieux.

Jésus, il est vrai, s'est préoccupé surtout des lois éternelles religieuses qui constituent la doctrine sociale de l'humanité future unifiée. Il n'avait pas à nous léguer des systèmes sociaux, éphémères et variables à chaque étape scientifique, et c'est à notre intelligence qu'il a laissé le soin d'adapter les forces de la nature à la vie individuelle et collective, de les utiliser en vue de rendre facile l'épanouissement de la beauté chrétienne.

Thomas d'Aquin avait exprimé cette vérité sous une forme simple et mystique. Il disait qu'un certain bien-être est nécessaire à l'exercice de la vertu, et que la nature est la base de la grâce.

N'était-ce pas affirmer déjà, des siècles avant Karl Marx, que la vie physiologique est le fondement de la vie du cerveau, de la vie du cœur et de la vie surnaturelle ?

Le socialisme, lui, doit se pénétrer des lois religieuses de l'Evangile, tout en maintenant l'idée de révolte scientifique contre l'outillage et le chaos économiques d'un passé qu'il faut détruire.

Le matérialisme, qui lui sert de chevet philosophique, n'est pas propre à faire naître la vie intérieure, ni à inviter l'homme à la sainteté. Le christianisme accomplira cette mission. Il n'est pas, comme on le prétend, la philosophie de la résignation, mais plutôt de la révolte intime contre le vice, les défauts et même, tellement il pousse loin son désir de perfection, contre les mauvais désirs et les mauvaises pensées.

Le socialiste de l'avenir, le socialiste dualiste, en qui se seront incarnées les lois religieuses et les lois mathématiques acquerra alors la notion scientifique du mot liberté.

La liberté, en science, ne consiste pas à faire tout ce qu'on veut. En chimie, en physique, en mécanique, le mot liberté est synonyme d'obéissance aux lois qui régissent les corps ou les mouvements. Le savant n'est libre, il n'est maître des forces de la nature, telles que la chaleur et l'électricité, qu'autant qu'il obéit à leurs lois propres et qu'il substitue, pour ainsi dire, la volonté de ces forces à la sienne ou à ses désirs.

Il en est de même dans le domaine religieux. Celui-là seul est libre qui maîtrise ses penchants, qui se soumet aux lois religieuses de l'Evangile et dont la volonté s'annihile, se confond, pour se fortifier et se grandir dans celle de Dieu. Si quelques-unes de ces lois nous paraissent contraires aux tendances de notre nature, si d'autres nous semblent être des lois de lâcheté, si enfin nous ne pouvons en comprendre maintenant la vérité séduisante et divine, c'est que notre physiologie et notre psychologie ne sont pas assez épurées et que notre organisation sociale engendre la haine qui rétrécit le cerveau et contracte les cœurs.

Le mot liberté est donc synonyme de loi, de science, d'organisation, et là où il n'y a ni science, ni loi, ni organisation, qu'il s'agisse de l'homme ou de la société, il n'y a pas de liberté.

Il y a une fausse liberté, créatrice de tyrannie, telle celle du despotisme, de l'industrie, du commerce, de l'ignorance, de l'immoralité, de l'enseignement.

Elle est l'opposé de la liberté scientifique, dont la « prise au tas » organisée est la condition d'existence et de développement et qui créera le surhomme de l'avenir, passionnément soumis aux seules lois scientifiques et religieuses, qui sont d'ailleurs celles de notre propre nature.

Le socialisme dualiste combattra la fausse liberté et ses conséquences, non pas seulement en s'adressant aux initiatives individuelles, toujours impuissantes, non pas par le moyen de la charité ou de la philanthropie, mais par voie d'institutions, d'organisations corporatives, communales ou nationales.

Institutions scientifiques réalisant le droit à la vie matérielle, le bien-être et la liberté objective, telles que l'industrie nationale du vêtement et les services communaux, corporatifs ou nationaux du logement et de l'alimentation.

Institutions religieuses réalisant le droit à la vie surnaturelle et la liberté subjective, telles que l'enseignement dualiste et le catholicisme, régénéré aux sources divines, dans Jésus et dans l'Evangile.

Pas de liberté pour ce qui est antiscientifique et antireligieux, pas de liberté pour le tabac, l'alcool, le théâtre, la presse lupanarienne, l'industrie, etc.

Mais liberté pour les institutions scientifiques et religieuses qui favorisent l'évolution de la physiologie et de la psychologie de l'homme dans le sens de la philosophie catholique, c'est-à-dire dans le sens du perfectionnement moral et dans celui de la substitution progressive des lois et de l'organisation mondiale religieuses aux lois et institutions positives particulières.

Cette révolution sociale, sous sa forme dualiste, scientifique et religieuse, surgira-t-elle de la violence ou de l'évolution pacifique?

Elle sera l'image des hommes qui tenteront de l'accomplir. Je hais la violence parce qu'elle enfreint les lois religieuses. Je désire ardemment que les institutions dualistes puissent se fonder par la conquête progressive du pouvoir, c'est-à-dire des organismes de l'Etat. Mais je sais combien tous nous sommes enclins à la paresse, à l'inaction, à la passivité et qu'il nous faut des commotions collectives et individuelles telles que la guerre, les luttes ardentes, la maladie, la mort même pour nous détourner des banalités et nous mettre face à face avec les principes et les idées qui sont la vie même de notre nature surnaturelle.

La violence, comme le mal dont elle est une des formes, n'est pas d'institution divine, mais d'institution humaine. Elle est un phénomène qui, parfois, fait rattraper le temps perdu. Elle n'existerait pas si nous savions obéir aux lois scientifiques et religieuses qui président à l'évolution du genre humain.

Mais nous nous plaisons à retarder la marche universelle des choses. Nous avons des lois scientifiques et un machinisme à l'aide desquels nous pourrions augmenter la production et réduire les heures de travail. Nous préférons conserver le vieil outillage et, en guise de logement, offrir la prison.

Nous avons les lois religieuses d'amour et de chasteté et nous vivons dans la luxure, l'adultère et la prostitution.

Comment s'étonner dès lors de la violence ?

Elle est comme la larme surnaturelle des

lois morales qui pleurent de ne pouvoir, à cause de la misère économique et de l'ignorance religieuse, se réaliser et vivre dans nos cœurs.

Le socialisme dualiste rejettera la violence individuelle, suggérée par la colère ou l'alcool. Il ne comprendra et n'utilisera que la violence sociale, réfléchie, organisée, qui fraye le passage aux idées, comme l'échafaud et la guerre.

Cependant la violence n'est que la tempête passagère qui agite, trouble ou purifie et l'évotion, le suffrage universel, la loi des majorités, sont la vie normale des nations.

Le suffrage universel incarne et représente, au lieu de la lutte des classes, la collaboration des classes.

Il a eu, jusqu'à présent surtout, un caractère brutal, grossier, ivrogne et passionnel. Mais il subira l'influence de l'évolution générale pour devenir scientifique et religieux. Employé dans les Syndicats pour résoudre les questions de grève, d'hygiène, de salaire, il passera, peu à peu, dans la vie publique, enrichi et pénétré d'éléments scientifiques. A la candidature politique va succéder la candidature scientifique et religieuse.

Le suffrage universel n'est sans doute pas une vérité absolue à laquelle il faille toujours obéir. Il n'est pas de vote, il n'est pas de plébiscite, il n'est pas d'arbitrages supérieurs aux lois de la nature. Cependant, la loi des majorités rend la vie sociale possible et elle est un acte majestueux de solidarité.

Le suffrage syndical est une application du suffrage universel. Il est une sorte de plébiscite de classe, plébiscite d'ouvriers, d'employés ou de fonctionnaires de la même profession. Il indique des tendances, des revendications particulières et s'il peut parfois réussir par le moyen de la grève ou de la discussion à faire obtenir des améliorations dans les conditions de travail, il lui sera toujours impossible de réaliser une conception totale du monde.

C'est qu'il n'y a pas de progrès isolé qui soit réel et profond sans le progrès collectif.

Pas d'évolution substantielle dans une corporation seule, si les autres, manuelles, scientifiques, religieuses, ne sont pas animées par le souffle du même idéal.

Pas d'avancement chez un peuple si les nations voisines et même celles de l'univers entier n'évoluent pas, soit en avant, soit à la suite, dans le même sillage.

La solidarité n'est pas un mot vague et philosophique. Elle est une vérité scientifique et religieuse, la plus sublime et la plus fondamentale peut-être des lois sociales.

Aussi la grève générale est-elle, en tant que méthode de révolution intégrale, une erreur théorique et, à ce titre, condamnée à l'impuissance et à d'inutiles violences. Elle est la négation de la loi de solidarité puisqu'elle ne fait appel, pour l'émancipation du prolétariat, qu'au prolétariat lui-même. La grève générale est la dernière expression du suffrage syndical manuel, du principe de la lutte des classes, principe antiscientifique et antireligieux, simplement humain, éphémère par conséquent et dont se servent tour à tour les patrons et les ouvriers. Elle rejette, dans un acte d'orgueil absurde, la collaboration de tous autres éléments de la vie sociale et, par là, révéle un manque absolu d'esprit scientifique.

Le lendemain, en effet, de sa mise à exécution, impossible d'ailleurs parce que l'ouvrier d'Angleterre, de Belgique, d'Allemagne, de Suisse ou d'Italie ne s'y associerait pas, devrait succéder à l'arrêt du travail, l'action universelle, l'activité générale. Et les partisans de ce système de révolution ignorent-ils à ce point la situation intellectuelle des ouvriers ? Les croient-ils capables de diriger certains travaux où la géométrie descriptive, la mécanique, le dessin sont nécessaires? Ont-ils si peu l'esprit d'observation qu'ils n'aient pas constaté que, dans les usines, 4 % à peine parmi les ouvriers sont à même de faire les opérations arithmétiques élémentaires, comme la multiplication et la division ?

Dès lors, puisque la collaboration des classes ou plutôt la collaboration des professions différentes est une nécessité inéluctable, la grève générale qui suppose l'action isolée du prolétariat manuel n'est-elle pas un mensonge?

La prise de possession, par les ouvriers, des instruments de production, ne serait-elle pas, à l'heure présente, un arrêt et même un recul dans les sciences appliquées et, par suite, un acte antisocialiste ?

Ainsi, ce n'est pas par le suffrage syndical seul, par la lutte des classes, par la conquête de quelques usines que la Révolution économique peut s'accomplir.

Ce n'est que par le suffrage universel, par la collaboration des classes et par la conquête de tous les organismes de la nation.

Le suffrage syndical et le suffrage universel doivent collaborer. Le suffrage corporatif doit constituer la base du suffrage universel et lui fournir les éléments scientifiques et religieux d'appréciation et d'étude.

Le suffrage universel, quel que soit son mode d'application, national, départemental, communal ou uninominal, malgré et à cause de sa lenteur, est seul capable de porter l'harmonie évolutive dans le conflit des forces individuelles et d'assurer la marche parallèle des divers éléments de la société. Il est vraiment le suffrage philosophique, synthétique, l'image de la nation et de la vie.

Ce n'est qu'un chef d'Etat et un Parlement dualistes, c'est-à-dire scientifiques et religieux qui peuvent, si ce n'est réaliser la conception chrétienne et scientifique du monde, — c'est la mission de plusieurs siècles peut-être et de tous les individus, — du moins imprimer à l'humanité sa marche définitive dans le sens de cette philosophie.

Socialisme moniste et Socialisme dualiste

Le socialisme moderne est loin d'éveiller dans l'âme du prolétariat une conception précise de la société de l'avenir.

Les congrès nationaux et internationaux ont beau se multiplier, les ouvriers des champs et de la ville ont beau entendre discourir sur le programme socialiste, c'est-à-dire sur la conquête des pouvoirs publics, sur la socialisation des moyens de production et sur l'entente internationale des travailleurs, jamais les ténèbres n'ont été plus intenses dans les esprits.

Comment expliquer ce phénomène ? Comment comprendre que le développement du socialisme amène, en même temps, un tel chaos intellectuel ?

C'est que le socialisme prétendu scientifique ne possède ce caractère qu'a moitié. Son point d'appui n'est que dans la science mathématique, dans l'évolution de la matière et non dans l'homme et dans la connaissance de sa physiologie et de sa psychologie.

L'homme passe au second plan. Il semble que la science ne soit pas sa servante et qu'elle ne soit pas faite pour lui faciliter la satisfaction de ses divers besoins.

On fait de la science pour la science, de l'industrie pour l'industrie sans se demander les rapports qui existent entre telle ou telle science, telle ou telle industrie et la nature de l'homme.

De là, la faiblesse du socialisme moderne. Il néglige la psychologie de l'individu, il ignore ses besoins religieux et même, par suite, ses vrais besoins économiques. Peut-il, en effet, sans les lois religieuses, discerner le besoin vrai du besoin factice ? Peut-il distinguer entre l'absinthe qui tue et le vin qui vivifie et, dans un autre ordre d'idées, entre l'adultère et la fidélité ?

Dans ce système, l'homme, assimilé a de la matière inorganique, ne trouve pas, à priori, l'écho de sa propre individualité. La Révolution que le Marxisme veut accomplir est vague, elle ne sera point une révolution humaine, susceptible de rassembler dans les cœurs toutes les énergies.

L'erreur fondamentale de cette doctrine est sa philosophie, sa conception totale du monde. Le socialisme moderne est moniste-matérialiste.

Il unit Hegel et Darvin à Spinoza, l'évolution au panthéisme. Un seul élément, la matière, dont l'esprit est la splendeur, constitue la substance de tous les phénomènes.

Sa métaphysique ne surgit que du cerveau humain. Elle n'est point illuminée par une vision révélée et surnaturelle des choses.

L'origine de l'homme reste obscure. Elle date de la première cellule vivante dont on n'a jamais cependant, ni par document, ni par tradition, constaté l'existence non plus que la série d'évolutions ultérieures.

La matière est éternelle, non l'esprit. Pourtant, jamais encore les chimistes ne sont arrivés, dans leurs laboratoires, à fabriquer des cellules vivantes et cette préparation seule pourrait ébranler l'idée de création.

La fin de l'individu, c'est la tombe, c'est l'évolution putride et florissante des substances organiques ; la destinée collective de l'humanité, un Eden scientifique auquel ne viendra se joindre aucune voix de l'au-delà.

La psychologie de l'homme se confond avec sa physiologie. Il n'y a pas de phénomènes psychologiques. L'homme est un phénomène chimique de durée plus ou moins longue.

Sans liberté, il est soumis au seul déterminisme scientifique et n'est qu'un organe dans le mécanisme universel.

Les merveilleux catholique, spirite, occulte, théosophe existent-ils ? Il n'en est pas question.

Le socialisme moderne a ainsi l'outrageante prétention d'avoir l'esprit scientifique et même d'incarner la science. Cependant ce n'est pas avoir l'esprit scientifique que de fermer, à priori, les yeux sur le domaine de la vie psychique.

Il est le socialisme de la matière, des sciences mathématiques.

Il est grandiose et étroit, mais il n'est pas le

socialisme qui embrasse toutes les puissances réalistes et mystiques de l'âme humaine.

Il s'est préoccupé avec passion des lois scientifiques et des mathématiques appliquées à la production agricole et industrielle, il a tiré des conséquences sociales sur la transformation de la propriété. Mais, issu d'une philosophie humaine, il n'a jamais médité sur les lois religieuses du sermon sur la montagne et l'étude de Jésus ne figure pas à son programme.

Le socialisme dualiste, au contraire, prend racine dans la philosophie nationale, dans la conception catholique du monde.

Il est fondé sur l'homme lui-même, sur la connaissance religieuse de sa nature, sur la foi en l'existence du corps et de l'âme, du monde visible et du monde invisible, de la matière et de l'esprit.

Le socialisme moniste met en pratique la méthode d'observation objective. Il étudie les phénomènes sociaux, l'évolution industrielle, la formation des grands organes de production, des grands magasins, les crises de surproduction, de chômage involontaire et volontaire et il aboutit ainsi à établir son programme économique, dont la partie essentielle consiste dans la nationalisation des instruments de travail.

Le socialisme dualiste ne rejette pas cette méthode qu'il considère comme une auxiliaire nécessaire, mais il emploie surtout la méthode d'observation subjective.

Il se pose d'abord cette question : quels sont les besoins de l'homme ?

La réponse, il l'emprunte au christianisme. L'être humain, composé d'un corps et d'une âme, a des besoins variés que l'on peut réduire à deux sortes : les besoins religieux et les besoins économiques.

La philosophie chrétienne connaît les besoins d'amour et d'intelligence de l'âme humaine. Elle fait naître et développe la vie intérieure qu'elle dirige vers un idéal de sainteté.

Le socialisme dualiste suggèrera à l'homme des besoins économiques. En premier lieu, les besoins de logement, de vêtement et d'alimentation.

Mais de même que le christianisme discipline les besoins de tendresse par les lois de Moïse et de Jésus, de même le socialisme dualiste passera les besoins économiques de l'homme au travers des lois religieuses pour en éliminer les besoins factices. Il réclamera également l'emploi religieux des forces scientifiques. Il ne faut pas que la vapeur, l'électricité servent éternellement à la préparation d'engins de destruction, ni que les forces intellectuelles ou manuelles des savants, de l'ouvrier ou de l'ouvrière, s'appliquent à de fausses industries telle que la fabrication des cigarettes et d'inutiles objets de luxe.

Ces forces, humaines ou naturelles, détournées de leur destination morale, prendront un nouveau cours vers le bien, pour l'affranchissement du travail, et la réalisation progressive de l'unité humaine.

Ce n'est qu'après avoir accompli cette œuvre préliminaire, après avoir distingué les besoins vrais des besoins factices que le socialisme dualiste se demandera si c'est par la propriété individuelle, par la propriété sociale ou par ces deux formes de propriétés combinées que les individus peuvent avoir le logement, le vêtement et l'alimentation, organiser le travail et la production de telle sorte que le chômage, les accidents, la vieillesse, la maladie ne soient plus des fléaux destructeurs de toute moralité sociale et individuelle.

Le socialisme dualiste ne veut, non plus, ni de la lutte des classes ni d'un internationalisme imprécis et désordonné.

Se dire internationaliste tout court, c'est d'abord une imposture, parce que l'unité humaine ne peut se réaliser que par étapes, mais cela signifie encore manquer d'esprit d'observation, n'avoir jamais voyagé au-delà des frontières ou hors d'Europe, aimer l'étranger comme on aime le mystère et l'inconnu, c'est-à-dire sans aucune donnée scientifique, haïr un peu ou dédaigner ses compatriotes et avoir peur ou se dispenser d'avance de tout effort immédiat et pénible.

Le socialisme dualiste ne tombera pas dans cette erreur. Il sait que sans Europe nouvelle, créée même au prix du sang, il n'y a pas de socialisme, pas de profondes transformations sociales possibles. Il indiquera donc quelle doit être la géographie politique de l'Europe de demain.

Ainsi, les philosophies sont d'une importance capitale.

Dans leur sillon, suivant leur logique propre, sous leur inspiration directrice se développent les évènements et se fondent ou se détruisent les institutions.

Même le simple fait social prend un aspect différent suivant qu'on le place dans la conception catholique ou matérialiste du monde.

D'après Karl Marx, les phénomènes sociaux sont le reflet des faits économiques et, par suite, dépendent de la seule logique mathémathique.

Le socialisme dualiste les considère, au contraire, comme le résultat d'une double causalité. Les lois scientifiques et les lois religieuses, irréductiblement unies et inséparables, aussi bien dans la vie individuelle que dans la vie sociale, déterminent leur naissance et leur évolution.

Derrière un fait social tel que le suicide, par exemple, ne doit-on voir qu'une cause économique : la misère ? N'y a-t-il pas toujours, dans une mesure quelconque, la violation individuelle ou collective de quelque loi religieuse ?

Et dans le divorce, la décadence ou la prospérité économique, n'y a-t-il que le jeu des forces scientifiques et jamais l'action logique des lois de l'Evangile ?

Les philosophies sont également le principe d'encyclopédies nouvelles qui mettent en relief certains besoins qui veulent devenir sciences.

Un besoin, éprouvé d'abord par quelques individus, ne devient science que lorsqu'on en a découvert les lois, que lorsqu'on l'a universalisé et systématisé.

La science est un besoin organisé.

Le socialisme dualiste dressera — car à chaque philosophie correspond une encyclopédie — une encyclopédie dualiste ayant l'homme pour origine et rattachant les besoins, c'est-à-dire les sciences, aux phénomènes physiologiques et aux phénomènes psychologiques.

Elle ne sera pas une classification livresque, faite pour la mémoire, mais réaliste et vivante.

Les besoins, les sciences, organisées en théorie, le seront aussi dans les choses.

A chaque besoin organisé correspondra une institution religieuse ou industrielle.

Cette encyclopédie dualiste sera encore évolutive, c'est-à-dire l'image du développement progressif de la physiologie et de la psychologie de l'homme. Sous l'action du temps et du progrès scientifique et religieux, certains besoins, certaines sciences deviendront vieillots, caduques, usés. Ils tomberont, renouvelés ou perfectionnés par d'autres besoins ou sciences nouvelles.

Autant de besoins, autant de sciences, autant d'industries à organiser ou d'institutions à créer, tel sera le plan de l'encyclopédie dualiste.

Les institutions sociales seront la représentation objective de la physiologie et de la psychologie de l'homme.

Un problème, que nous avons fait entrevoir, se pose : L'homme peut-il, à priori et par expérience, déterminer ses besoins ? Peut-il découvrir sa vraie psychologie et sa vraie physiologie ainsi que les institutions religieuses et industrielles qui en découlent ? Peut-il discerner le vrai besoin, la vraie science du vice et de l'erreur ?

Il est, en effet, de faux besoins, de fausses sciences, de fausses industries — tabac, absinthe, luxe, productions soi-disant littéraires et artistiques, sciences d'érudition — que le mal a créés et que le socialisme dualiste aura pour devoir de détruire.

Cette détermination des besoins de l'homme

ne peut s'accomplir que par la philosophie chrétienne qui admet non l'égalité de la chair et de l'esprit, mais la subordination de la chair à l'esprit.

Depuis des siècles, le catholicisme se préoccupe surtout des lois religieuses par lesquelles il a voulu diriger et unifier l'intelligence morale de l'humanité.

Il semble que les temps soient venus où il doive élargir le champ de son activité. Il doit devenir dualiste dans les faits comme il l'est en philosophie et s'assimiler les richesses scientifiques du monde moderne.

Nous rêvons d'un Pape dualiste qui proclame les besoins économiques primordiaux du genre humain.

Le droit à la vie avec sa conséquence immédiate — organisation de l'industrie nationale du vêtement et des services du logement et de l'alimentation — doit-être comme le premier dogme social catholique.

Nous croyons à la création, à l'existence d'un Eden primitif où l'homme était en communication avec le monde des esprits et où la terre produisait, sans travail, ce qui est nécessaire à la vie.

Nous croyons à la chute et à ses terribles conséquences physiologiques et psychologiques.

Nous croyons que l'évolution humaine n'est que relative, qu'elle est placée entre deux âges d'or identiques, l'un dans le passé, l'autre dans l'avenir.

Ainsi, tandis que l'évolution matérialiste va de l'inconnu, de la soi-disant cellule primitive sur laquelle manque toute donnée scientifique pour n'aboutir qu'à un autre inconnu, le christianisme part de l'idée de création, de l'homme édénique pour arriver par la chute et l'évolution rédemptrice au même point de départ.

Nous croyons à la réalisation de cette prophétie religieuse selon laquelle il n'y aura, sur la terre entière, qu'un seul peuple et qu'un seul pasteur.

Loin donc d'opposer le socialisme et le catholicisme, nous voulons les unir.

Jésus, en devenant le législateur religieux du socialisme, portera la pureté dans les cœurs, la courtoisie, la bienveillance dans les rapports mutuels. Il sanctifiera et règlera dans les âmes cet amour de bien-être matériel dans lequel il ne faut voir que la base d'une ascension religieuse de l'humanité.

D'un autre côté, le collectivisme, sorte de nationalisme organisé et intégral, est comme l'efflorescence économique — éphémère peut-être, car qui peut prévoir ce que nous donnera la synthèse chimique — de la philosophie catholique et dans un avenir prochain, le catholique qui ne sera pas socialiste et le socialiste qui ne sera pas chrétien seront des contresens vivants.

Évolution économique

La vision de l'idéal chrétien, si éblouissante soit-elle, ne doit pas cependant nous faire oublier que nous sommes des hommes du xxe siècle. Nous la portons, cette vision, dans notre cœur et dans notre cerveau, mais nous ne la voyons ni dans les choses ni dans la vie de chaque jour.

La terre continue de produire des ronces. La douleur, sous toutes ses formes, nous perfore le cœur et nous sommes incapables de communiquer avec le monde de la surnature.

L'idéal et la réalité constituent pour chacun de nous une apparente antithèse à la fois effrayante et glorieuse.

L'homme vit d'une vie dualiste et cette

dualité n'est pas le fruit de la faiblesse ou du scepticisme. Elle est une conséquence de sa nature déchue. La philosophie moniste oppose la science à la foi, le nationalisme à l'internationalisme ou réciproquement ; la philosophie dualiste portera l'harmonie entre ces prétendues contradictions.

Je suis *à la fois* nationaliste et internationaliste.

Le nationalisme c'est la science, le résultat de l'évolution humaine jusqu'à ce jour ; l'internationalisme, c'est le besoin de l'avenir, la science de demain, c'est la foi.

Cependant, si l'idéal chrétien est le programme définitif de l'humanité, s'il fait pâlir les programmes humains, si audacieux soient-ils, nous ne pouvons réaliser, tout d'un coup, ni l'unité humaine, par la destruction magique des patries, ni le renouvellement de la terre et des cieux.

Il nous faut franchir une série de déterminismes dont nous ignorons la loi de succession et établir, de distance en distance, de génération en génération, de cinquante en cinquante ans, des programmes d'évolution successifs.

Ces programmes iront s'élargissant de plus en plus, et, après avoir revêtu un caractère national, ils deviendront européens puis enfin mondiaux.

Au point de vue économique, la Révolution future doit être synonyme d'organisation, de substitution d'une logique à une autre, d'évolution scientifique rapide et une telle œuvre ne peut s'accomplir dans l'espace de quelques heures et par des discours de réunion publique.

Il faut du temps, de l'effort, de la persévérance pour édifier des maisons, pour construire des chemins de fer, pour obtenir le blé et le vin et pour élever les enfants.

En outre, les nations comme les individus ne peuvent s'attacher à la solution d'un seul problème. La vie sociale est complexe. Mille évènements, de nature diverse, détournent l'attention des questions fondamentales.

Le xxe siècle ne sera donc peut être pas trop long pour réaliser l'organisation rationnelle des besoins primordiaux de l'homme, c'est-à-dire, du logement à tous, du vêtement et de l'alimentation.

Le socialisme dualiste constituera la *pro-*

priété individuelle physiologique de l'être humain, c'est-à-dire la propriété minimum et nécessaire qu'on ne pourra lui ravir.

Quelle heure troublante et mystique que celle où la nation française, s'inspirant de la philosophie catholique, jettera, la première, au monde, cette affirmation, ce dogme social :

Là où tu loges, c'est à toi,

Ou plutôt ce sera à toi dans tant d'années et aussi longtemps que tu voudras y habiter.

Ce qui appartient au domaine scientifique demande, en effet, du temps pour s'élaborer et devenir un fait tangible.

La logique de l'esprit, de la foi, est plus rapide, plus révolutionnaire. Le temps et l'espace ne sont, pour elle, que de faibles obstacles. L'esprit cultivé, dans lequel viennent se mêler harmonieusement la logique scientifique et la logique spirituelle, a conscience de cette dualité et il en tient compte dans la vie sociale.

Il n'y a que le fou et l'ignorant, êtres de foi pure, sans science, qui veulent leurs désirs exaucés tout de suite.

Il ne faut donc pas d'expropriation brutale, capricieuse, mais scientifique, réfléchie, qui se pénètre de l'idée de justice économique, c'est-à-dire d'indemnité.

Toi, ouvrier, toi, chemineau, toi, va-nu-pieds, abandonnerais-tu, si tu étais riche, volontiers ta fortune ? Les riches sont-ils bien coupables d'être riches ? Ils ont agi suivant la logique de leur époque, comme toi, tu le fais dans une plus faible mesure, comme tu le ferais si tu étais à leur place.

Cette indemnité consistera-t-elle en rentes viagères, en bons de vêtement, d'alimentation et de voyage accordés par l'Etat aux propriétaires pendant vingt-cinq ans ou bien les locataires actuels seront-ils tenus de payer leur loyer pendant un laps de temps déterminé, au bout duquel le logement sera le leur ? C'est une question à laquelle il n'y a pas de réponse apriorique.

L'égalité, le nivellement, le partage ont une marque tellement antiscientifique qu'il est nécessaire aussi de chasser ces idées de l'esprit.

Les inégalités économiques comme les inégalités intellectuelles sont un fait. Elles sont une des conséquences de la chute et ce n'est que l'extrême abondance qui les rendra inutiles et indésirables. Il est donc nécessaire, surtout, de jeter une étincelle scientifique dans le chaos des inégalités et d'abord de proclamer que le droit de propriété ne doit pas se développer au détriment du droit à la vie.

Avant même de donner le logement à tous, il importera de procéder à l'organisation communale ou corporative des services du bâtiment, des maçons, des terrassiers, des charpentiers, des menuisiers, des plâtriers, etc.

La maison dualiste sera édifiée.

A la campagne et dans les faubourgs des villes, une seule pièce sert à la fois de cuisine, de salle à manger, de chambre à coucher. Pas de salon-bibliothèque où l'âme puisse abandonner la vie quotidienne, expérimentale et se retremper dans les lectures religieuses et scientifiques.

La maison dualiste comprendra ces différentes pièces ainsi qu'une salle de bains et, aux époux, lors de leur mariage, il sera fait don de la Bibliothèque dualiste comprenant, au minimum, les ouvrages suivants :

1° *Encyclopédie dualiste.* — A faire.

2° *Science religieuse.* — Conception catholique du monde; Lois religieuses (à faire);

Psychologie et logique dualiste (à faire); Bible.

3° *Science mathématique.* — Mathématiques pures; Mathématiques appliquées; Physique; Chimie; Astronomie.

4° Dictionnaire Littré.

5° Dictionnaire historique Thomas-Hazfeldt.

L'organisation nationale de *l'industrie du vêtement* sera la plus facile à réaliser. Les chefs de maisons industrielles seront nommés, s'ils le désirent, directeurs de leurs usines. Délivrés des soucis de la concurrence, ils deviendront des hommes libres et leur intelligence, actuellement occupée par les achats, les ventes et les jours d'échéance, saura trouver une activité plus haute et plus mystique.

Quant à l'*alimentation*, elle est le problème le plus difficile et le plus compliqué. Le premier devoir consistera dans l'édification, dans chaque commune, du « Palais de l'alimentation » où seront installés les services de la boulangerie, de la boucherie et de l'épicerie. Ce palais constituera l'organisme de la future « prise au tas » organisée.

La « prise au tas » simplifiera la question des retraites, celle du chômage et celle du salariat. Pourquoi une retraite et pourquoi un salaire si je puis, au « Palais communal du vêtement » prendre, en déclinant mon nom, soit du drap, soit l'un des deux ou plusieurs costumes auxquels j'ai droit chaque année; si je puis aller à la boulangerie, à la boucherie recevoir ce dont j'ai besoin ?

Les retraites sont une forme de transition et pour leur imprimer une marque d'extrême démocratie et de socialisme, il faut étendre le principe d'obligation.

Elles ne doivent pas être obligatoires seulement pour telle ou telle catégorie de citoyens, ouvriers ou employés, mais pour tous, Français ou Françaises, pour le millionnaire comme pour le pauvre, pour l'ouvrier agricole ou industriel qui gagne trois francs par jour, comme pour le négociant, le manufacturier ou le fonctionnaire dont le salaire ou le gain quotidien varie de vingt à cent francs, ou atteint même un chiffre supérieur.

En la donnant à tous et égale à tous, le socialisme dualiste accomplira un acte de justice et il habituera le riche à ne redouter ni la misère ni les évolutions rapides du concept de propriété.

La retraite n'est que la vie physiologique

assurée et établie sur une base de simplicité et de force.

Dans la société de l'avenir, les besoins physiologiques de l'ouvrier, du ministre, du prêtre, du fonctionnaire, du négociant seront identiques. Il n'y aura plus, comme à présent, cette hideuse hiérarchie des ventres suivant laquelle la cuisine est proportionnée au salaire.

L'homme futur, par sa culture scientifique, religieuse et linguistique, sera simple, sobre et capable de vivre sous toutes les latitudes. Il dominera les éléments. Le vent, la pluie, le froid, la chaleur n'exerceront plus sur son organisme d'influence pernicieuse.

Il sera d'un réalisme supérieur, indifférent aux apparences, à la forme du costume et à la coupe des cheveux.

Qu'est-ce que cela pourra bien lui faire d'être balayeur de rues, mécanicien-laboureur ou législateur si là, dans cette activité, il vit selon sa vocation ; s'il a assez de loisir pour se développer dans la perfection par l'étude des sciences religieuse et mathématique, si, en un mot, il peut accomplir sa destinée religieuse ?

A la solution de ces problèmes économiques

se rattache étroitement celui de la grande et de la petite industrie, de la grande et de la petite propriété.

Le socialisme dualiste favorisera la création d'organismes de liberté scientifique.

La petite propriété, la petite industrie, sont des organismes de tyrannie.

La grande industrie, la grande propriété sont des organismes de liberté et si ces organismes ne sont pas la liberté même, ils peuvent seuls la créer.

Là seulement en effet, le travail peut s'organiser et s'améliorer par le développement du machinisme et de l'hygiène.

Ainsi, la petite propriété agricole avec ses coutumes surannées, ses routines, son machinisme archaïque est un phénomène antiscientifique. Il faudra détruire les haies pour permettre le libre jeu des charrues mécaniques et des lieuses.

L'outillage traditionnel répugne à la physiologie de l'homme moderne. A quoi bon se servir du pic, là où peut fonctionner la défonceuse mécanique ?

La vieille charrue, la faucille, sont des insultes au cerveau scientifique contemporain.

J'aime la vie paysannesque, un peu solitaire et sauvage, le grand air, les promenades à travers les vignes et les sentiers. Mais combien me torture l'intelligence et le cœur la vue de la charrue ordinaire, lente comme les bœufs, du pic manié par la main de l'homme, dont la peine est un contresens scientifique.

Ce n'est que l'instruction scientifique et religieuse qui fera naître l'amour du loisir, qui suggèrera l'idée de la destruction des organes de tyrannie, tels que les écuries individuelles et la pensée de l'organisation scientifique et religieuse du travail.

Sans culture apriorique, l'intelligence du peuple ne saurait concevoir le passage brusque d'une forme de propriété ou de production à une autre.

Il lui faut des leçons de choses, des exemples de communes, organisant, quand l'autonomie communale en matière économique sera conquise, la production agricole communale.

Il lui faut des transitions et peut-être la propriété agricole, avant de devenir propriété de la commune ou de la nation, à l'exception de lots de un hectare qui, avec le logement, constitueront la *propriété physiologique de l'être humain de la campagne*, peut-être la propriété agricole sera-t-elle confiée à des Syndicats d'agriculteurs, à des Coopératives, à de grandes Compagnies qui feront de chaque village une vaste ferme organisée.

Peut-être aussi l'organisation nationale du monopole de la vente du blé, du vin, de l'alcool sera-t-elle une période d'évolution dans laquelle ces produits, livrés à des prix rémunérateurs, assureront et embelliront la vie physiologique des travailleurs des champs.

Qui peut prévoir dès maintenant les conséquences de l'organisation scientifique des besoins de l'homme ?

La réduction progressive des heures de travail, l'introduction de la semaine de cinq jours seront parmi les faits les plus extraordinaires.

Le chômage, la misère n'exerceront plus, sur le cerveau humain, leur action mortelle.

Les vertus chrétiennes, la volonté humaine, désormais au-dessus de la tyrannie des circonstances économiques, pourront se développer dans toute leur ampleur ; la responsabilité morale et la conscience des lois religieuses seront accrues.

Le savant et le théologien auront le loisir de méditer tout à leur aise.

L'abondance sera telle que les rêveurs, les irréguliers, ceux qui n'ont jamais trouvé leur voie, qui possèdent, en eux, peut-être des germes d'une vie supérieure à celle où ils vivent, deviendront, par la méditation et l'absence de soucis économiques, des créateurs de sciences nouvelles.

L'homme futur saura vivre d'une vie humaine et surnaturelle.

Evolution géographique et intellectuelle

Ces réformes, à l'intérieur, auront leur répercussion à l'étranger et il importe, dès maintenant, en prévision d'une guerre nécessaire, d'animer l'armée d'idées sociales qui rendront au soldat le sac léger et lui donneront la victoire.

Le socialisme dualiste ne verra, dans la France, que le meilleur outil de rédemption scientifique et religieuse de l'humanité et si les Français de 1789 ont répandu les idées abstraites de liberté et d'égalité, ceux du xxe siècle jetteront à travers l'Europe et le monde les idées réalistes de logement à tous et d'organisation scientifique des besoins de l'homme.

Il faut créer le lit, la physiologie européenne du socialisme et préparer les esprits européens à la destruction progressive des patries et à la transformation géographique du continent.

Notre internationalisme n'est pas une expression nuageuse. Il a la France pour point de départ parce que la nation française, en dépit de certaines apparences, est le peuple le plus évolué.

Il n'y a, certes, ni peuples supérieurs, ni hommes supérieurs au sens absolu du mot.

Il n'y a que des collectivités et des individus plus ou moins avancés dont la supériorité n'est que temporaire et, par conséquent, qu'un phénomène historique et providentiel.

Sans la chute, les âmes seraient toutes égales et les formes d'intelligence, dans leur variété, appartiendraient à une série d'une essence surnaturelle. Elles seraient des modes de l'amour.

Le socialisme dualiste, en organisant l'enseignement scientifique et religieux, la prise au tas, en préparant l'unité humaine, réduira les formes d'intelligence à l'intelligence religieuse et à l'intelligence scientifique.

Il détruira, en les rendant inutiles, l'intelligence militaire, l'intelligence juridique. l'intelligence purement littéraire, ainsi que l'intelligence mercantile.

En même temps, la psychologie sociale se fondra peu à peu dans la psychologie individuelle.

C'est surtout la profession, le milieu qui créent la psychologie sociale, dominent l'homme, lui forment le corps et l'âme.

Dans l'avenir, le métier ne sera plus que le facteur le plus secondaire et le plus infime de la vie et les forces objectives, lois scientifiques et lois religieuses, façonneront la physiologie et la psychologie de l'individu.

Les supériorités sont donc relatives et quand nous disons que la France est la nation d'Europe la plus évoluée, ce n'est pas une affirmation de mépris ou d'insolence. C'est l'expression d'un fait scientifique.

Les choses s'accomplissent suivant un ordre logique et il est difficile aux peuples qui entretiennent encore les idées d'hérédité politique et monarchique d'anéantir celles d'hérédité économique et d'accomplir les réformes que nous préconisons.

De même, le socialisme dualiste, pénétré de l'état scientifique et moral de l'humanité actuelle, ne nourrit pas la croyance que c'est par l'amour et par le désir mutuel de fusion que les peuples peuvent faire disparaître les frontières.

La Force n'est pas encore un anachronisme et le socialisme dualiste, s'il veut devenir un fait, a besoin d'armées offensives. Aux idées il faut l'appui de la force, ne fût-ce que pour éveiller l'esprit scientifique là où ne naîtraient que le dédain ou le sourire.

La Force, sous la direction de l'Idée, n'est plus la brutalité ordurière. Elle est la physiologie nouvelle de l'Idée. Elle ne doit pas précéder l'Idée mais la suivre comme l'ombre suit le corps.

L'objet des guerres futures ne sera pas la gloire métaphysique mais la destruction de faux principes et de fausses institutions. Les guerres de l'avenir se feront sous l'inspiration des lois religieuses.

Les Etats neutres, Belgique et Suisse, ne doivent plus rester en dehors de la vie. Il n'est pas de droits des peuples supérieurs aux lois religieuses parce que celles-ci sont les droits de l'humanité future.

L'unification du genre humain est l'une de ces lois. L'indépendance des peuples ne doit donc pas être éternelle. Il n'y a peut être que leur langue — véhicule d'intelligence et d'amour — qu'il faille respectèr et ce n'est pas par esprit de haine que le socialisme dualiste voudra appliquer l'idée scientifique d'évolution à la situation respective des frontières.

C'est par amour des lois religieuses qu'il voudre porter atteinte à l'intégrité des nations et les inviter elles-mêmes à détruire les préjugés historiques et humains dont elles alimentent leur esprit et à favoriser l'ascension progressive de la race humaine.

La France doit devenir la Gaule et comprendre la rive gauche du Rhin. Pour exercer une action mondiale, il lui faut non-seulement Strasbourg et Metz, mais encore Mayence, Cologne, Anvers, Bruxelles, Bâle, Zurich et Genève.

La République germanique avec le Danemarck et une partie de la Hollande.

La Pologne reconstituée, comme protestation contre la force égoïste et pour permettre au peuple russe, délivré du tzarisme, de transformer et de révolutionner l'Asie.

L'Irlande libre.

La Confédération Balkanique englobant la Roumanie, la Grèce, la Turquie, la Serbie, le Monténégro, la Bulgarie, telles sont les idées dont le socialisme dualiste doit poursuivre la réalisation.

Il ne redoutera pas le développement économique des nations voisines ni même de la Chine ou des Etats-Unis. Il s'en félicitera. Il n'y a ni péril jaune ni péril américain.

Il ne s'agit que d'organiser, universellement, le plus tôt possible, les besoins scientifiques de l'homme, de placer le genre humain, par l'abondance et la facilité de production, en dehors et au-dessus des soucis matériels et ainsi de le délivrer d'une souffrance qu'il est antiscientifique et antireligieux de supporter plus longtemps.

Le socialisme dualiste, par son action sociale européenne, mettra un terme à la politique coloniale qui est comme le suicide de l'âme même de la France.

Si, d'après certains hommes d'Etat, cette politique a pour but le développement de la civilisation, la plus belle politique coloniale de la France n'est-elle pas la Révolution française qui a réveillé, de leur léthargie séculaire, les vieux peuples d'Europe?

Le socialisme dualiste combattra ardemment aussi le principe monarchique. On se demande comment le droit divin a pu se créer, par quelle logique menteuse il a pu se développer sous l'égide des lois religieuses, alors que l'existence des monarques est en contradiction avec les lois scientifiques et religieuses. Nous marchons vers l'unité humaine et les princes héréditaires ne semblent-ils pas indiquer la pérennité des patries?

Aussi la seule ennemie du socialisme dualiste est-elle l'Allemagne gouvernementale.

Son empereur, ses rois, ses ducs, clef de voûte de l'édifice monarchique mondial, sont autant de forces antiscientifiques qui doivent disparaître.

Le principe républicain est en harmonie avec la science. On pourrait même dire que c'est un principe scientifique.

Le socialisme, sous la protection d'une monarchie héréditaire, enfanterait une intellectualité inférieure, enténébrée et incomplète.

La démocratie seule peut développer une intellectualité libérée de toute fausse autorité, une intellectualité scientifique et religieuse.

Cependant l'idée de République ne s'oppose pas à l'idée de chef. Il n'y a que celle de chef viager et héréditaire qui soit une absurdité.

Le peuple, absorbé par son travail quotidien, n'aime guère les députés et les sénateurs dont le rôle cependant nécessaire est un peu obscur. Il a besoin d'idées générales, directrices d'une politique et ces idées il ne peut les trouver que dans un chef qu'il ait choisi lui-même.

Le chef plébiscité de la démocratie de l'avenir incarnera l'idée de philosophie dualiste, de Révolution scientifique et religieuse et le Parlement, manufacture des codes et des lois, collaborera à cette évolution par l'organisation des détails.

De même l'idée de discipline, d'ordre, de contrôle est parfaitement scientifique. Celle de confiance illimitée, absolue, n'a pas ce caractère parce qu'elle méconnaît la philosophie catholique et les penchants au mal, au désordre que nous tenons, par hérédité, de la chute de l'homme.

L'ouvrier, l'employé, le fonctionnaire, le soldat, le député, le ministre, le chef d'Etat de l'avenir ne s'offusqueront pas du contrôle.

Dans les boulangeries, les boucheries, les manufactures de chaussures ou de vêtements règnera une discipline, sévère peut-être, mais qui ne sera jamais abêtissante à cause de la courte durée de la journée de travail.

Le socialisme dualiste aura de plus l'esprit trop scientifique pour s'imaginer pouvoir réaliser son idéal dans l'espace d'une génération.

Il lui importe donc de transmettre ses espérances aux générations futures et, dans ce but, d'organiser l'enseignement dualiste.

Le socialisme dualiste n'attentera pas à la liberté individuelle ou familiale d'enseignement.

Tout individu, quel qu'il soit, même sans diplôme, aura le droit d'enseigner la science mathématique, la science religieuse dans son logement, dans une salle louée, ou en pleine place publique.

Mais le socialisme dualiste ne souffrira pas de système d'enseignement collectif, ni d'entreprises commerciales d'enseignement qui exploitent élèves, maîtres et maîtresses.

Au point de vue chrétien d'ailleurs, la liberté d'enseignement est un crime, puisqu'elle est un acte d'indifférence envers les enfants qui fréquentent les écoles de l'Etat.

Sous prétexte de sauvegarder un enseignement religieux qui n'existe pas, puisqu'il n'y a pas d'écoles libres, primaires ou secondaires, dans lesquelles on consacre deux ou trois heures par jour à la science chrétienne, à l'Ecriture sainte, ou à l'étude des Pères et Docteurs de l'Eglise, on laisse se perpétuer un enseignement hostile à la philosophie nationale.

L'enseignement dualiste ne sera plus un mensonge, une contradiction avec l'idéal chrétien. Il aura le devoir de préparer l'homme à la perfection morale et à la perfection scientifique.

Il écartera avec colère ce qui rappelle le passé, les civilisations du passé, l'histoire politique et l'histoire littéraire.

Il n'acceptera dans le plan d'études que les connaissances susceptibles de semer parmi les individus et les peuples des germes de concorde et d'amour et de diriger la pensée non vers le passé, mais vers l'avenir.

L'enseignement des Universités sera refondu selon les principes de l'encyclopédie dualiste.

Outre la haute culture scientifique et religieuse, il aura encore pour objet la formation du personnel des divers enseignements.

Les grands Séminaires catholiques, les Ecoles normales et l'Ecole polytechnique seront supprimés.

Une médecine nouvelle, la médecine dualiste, sera fondée. La maladie, quelle que soit sa forme, provient de la violation des lois religieuses et des lois scientifiques. La médecine dualiste abandonnera le caractère matérialiste de la médecine contemporaine et ne négligera ni l'étude de la médecine psychique, ni même celle de la médecine mystique des guérisseurs et des guérisseuses.

Le merveilleux sera, peut-être, dans l'avenir, avec la science mathématique et la science religieuse, le facteur le plus puissant de l'internationalisme.

Dans toutes les Universités seront créées des chaires de merveilleux expérimental, spirite, occulte, catholique, — apparitions, matérialisations, — ainsi que des chaires de métaphysique comparée, — catholique, occulte, philosophique.

Les cours des Universités seront gratuits et ouverts à tous, sans condition d'âge, de sexe, ou d'instruction antérieure.

Les enseignements primaire et secondaire comprendront surtout l'étude des sciences éternellement contemporaines : la science mathématique et la science religieuse.

Il n'y a pas de haute culture autre que la culture scientifique et religieuse. La beauté littéraire, vêtement des sciences fondamentales, doit ressortir bien plus de la pensée elle-même que du rythme ou du nombre. Les idées scientifiques et les idées religieuses doivent constituer la substance de la littérature de l'avenir.

La géographie sera également enseignée, mais dans un esprit scientifique et religieux.

La langue maternelle et les langues vivantes seront apprises moins dans les auteurs du passé que dans la vie, par l'explication des termes et le commentaire des revues scientifiques et religieuses.

Plus de poésies à apprendre par cœur. La logique dualiste se substituera à la rhétorique. L'étymologie, l'étude des racines grecques, latines et sanscrites, le dictionnaire historique suppléeront les langues anciennes.

Le chinois, le russe et l'anglais me rapprochent des vivants, mes contemporains. Ces langues suscitent en moi des énergies nouvelles, des besoins nouveaux, des désirs de voyage, de grand air, de marche. Le grec, le latin me font vivre avec les morts, m'enfoncent dans le passé, me font aimer la tradition, la routine, la vie obtuse, casanière.

Pas d'histoire. Il faut, avec la culture antique, soit la reléguer dans les Universités, soit la laisser devenir un sujet d'étude individuel.

L'histoire authentique de l'humanité se résume en la conception catholique du monde.

Eden primitif, décadence économique et religieuse, évolution progressive et conquête à nouveau de cet Eden par l'effort mathématique et religieux, par la collaboration de Dieu et de l'homme.

Ces deux lignes suffisent à l'intelligence humaine pour l'illuminer et la soutenir.

La culture classique, bannie à jamais, parce qu'elle a pour idéal une beauté inférieure, païenne, dépravée, cabotine.

Le théâtre et le roman sont des formes

d'art inférieures. Ce n'est pas un enthousiasme de vérité scientifique, raisonné, profond, qu'ils font naître, mais plutôt une exaltation fugitive, superficielle et de chair.

La vraie beauté est, en effet, la beauté réaliste, vivante, consciente dans le cœur de chaque être humain.

La réduction des heures de travail, l'organisation scientifique des besoins de l'homme produiront plus de beauté, plus de joie que la poésie et le théâtre.

Le socialisme dualiste fera une large part au travail manuel. Maintenant, le jeune adolescent qui a passé cinq ou six ans sur les bancs d'une école est une force perdue pour l'action réaliste. Il est rejeté dans les fausses activités.

L'homme futur sera dualiste, travailleur manuel et intellectuel.

Sa physiologie sera propre aux travaux les plus divers et l'ouvrier intellectuel, écrivain, journaliste, professeur dans l'enseignement primaire, secondaire ou supérieur, homme politique, fonctionnaire, trouvera, dans l'œuvre la plus humble, la moisson, le tissage, la construction de l'habitation, la sauvegarde de sa pensée ou de sa plume.

Le socialisme dualiste organisera l'enseignement secondaire gratuit pour les enfants de 11 à 16 ans et créera dans chaque commune, une salle de lecture où se trouveront, à la disposition de tous, les principales revues scientifiques et religieuses du monde entier.

Plus de classement des élèves ni de distribution des prix. Plus de diplômes qui laissent croire à ceux qui les possèdent qu'ils sont omniscients alors qu'ils doivent continuer, leur vie durant, d'apprendre et de se développer.

Liberté laissée aux enfants de suivre leurs goûts, leurs aptitudes, de fréquenter les leçons qui leur plaisent ou même de n'en suivre aucune et de se livrer exclusivement à l'activité manuelle. L'obligation pour les élèves d'assister à tous les cours est la tyrannie la plus ridicule.

Faudra-t-il, en même temps, multiplier les lycées, les internats ? Ce serait absurde et impraticable. Par le fait même du loisir que créera l'organisation du travail et du développement intellectuel général, les Ecoles primaires seront supprimées. Les instituteurs seront les parents et à côté de cette école primaire familiale se trouvera l'Ecole secondaire communale dualiste où les instituteurs actuels enseigneront la Science mathématique et les prêtres la Science religieuse.

La durée des classes, dans tous les degrés de l'enseignement, ne sera que de six mois par an. Le reste du temps sera consacré, suivant les aptitudes de chacun, au travail manuel dans les champs, l'atelier ou l'usine.

L'homme de science et de réalisation naîtra ainsi.

Sa physiologie sera adéquate à sa psychologie.

Evolution religieuse

Le socialisme dualiste ne dépensera pas, durant le xxe siècle, l'activité humaine uniquement dans l'organisation de l'industrie nationale du vêtement et des services du logement et de l'alimentation.

Il se souviendra toujours de son caractère dualiste.

Pour devenir une réalité, pour pénétrer la partie la plus mystique et la plus profonde du cœur humain, il a besoin des lois de Jésus et d'une philosophie organisée.

Il aura le sens, le goût, la passion même des choses religieuses. Il sera théologien.

Il rejettera comme inférieure et tyrannique la soi-disant morale indépendante et expérimentale pour se nourrir, au contraire, de la morale apriorique, de la morale déductive qui va prendre sa source dans la surnature.

Il sera d'une puissante hardiesse, non pour créer une religion nouvelle ou susciter un schisme, mais pour s'assimiler la substance même de la conception catholique du monde et pour faire d'elle, en même temps qu'un phare religieux mondial, le point d'appui de son action sociale universelle.

Le socialisme et le christianisme sont des collaborateurs nés. L'un représente la science mathématique, l'effort humain; l'autre, la science religieuse chrétienne, la collaboration divine. La philosophie catholique, comme un baiser du monde céleste, nous donne la sécurité, la confiance, la certitude dans l'évolution de l'humanité; le socialisme, par l'emploi social et humain des forces mathématiques est l'instrument de cette évolution.

Le socialisme figure la nature, les forces de la nature; le christianisme, la vie divine, la grâce, les forces de la surnature.

Et dès lors, si, comme le dit Thomas d'Aquin, la grâce ne peut se greffer que sur la nature, être socialiste, c'est être religieux, c'est vouloir, inconsciemment et involontairement peut-être, préparer l'épanouissement de la civilisation religieuse de l'avenir.

Le socialisme et le christianisme, la science et la foi, la nature et la grâce, irréductiblement unis, se rejoignent encore d'une manière plus éclatante dans leur but, dans leur extrême idéal.

Si le socialisme, en effet, par la méthode expérimentale, prévoit la disparition des nations, l'extension de l'idée de patrie à la terre entière, le christianisme par sa méthode d'autorité religieuse, d'intuition prophétique, n'a-t-il pas prédit, bien avant même, la venue d'un moment où il n'y aurait plus qu'un seul peuple et qu'un seul pasteur ?

L'Eglise doit donc devenir la propagandiste la plus passionnée du logement à tous et de l'organisation des services du vêtement et de l'alimentation puisque c'est du droit à la vie réalisé que dépend l'évolution religieuse consciente des masses populaires.

Comment étudier, comprendre les vérités religieuses, comment se pénétrer de l'harmonie sublime des lois du sermon sur la montagne, quand est si longue et si pénible la journée de labeur ?

L'organisation du travail supprimera les petites dévotions qui déplacent l'axe du christianisme et enlaidissent, comme une lèpre, la philosophie catholique. Le culte des saints et des reliques, quelque logique qu'il soit, sera aboli.

A quoi bon la dévotion à St-Antoine-de-Padoue, quand le droit à la vie sera un fait ? Et celle à St-Expédit quand chacun pourra vivre suivant sa vocation et que toutes les professions, organisées, seront agréables et faciles ?

Jésus sera vraiment, alors, selon la parole de l'apôtre Paul, le seul et unique médiateur.

Ainsi, l'Eglise ne doit pas redouter la science, puisque celle-ci hausse, par ses applications, les âmes vers Dieu.

Le catholicisme ne peut même que gagner en beauté en s'assimilant le principe de l'évolution qui est l'idée maîtresse du XIXe siècle. Le Christ ne l'a-t-il pas appliqué aux lois religieuses ? Les lois de Jésus ne sont-elles pas supérieures à celles de Moïse et faites pour des âmes plus spiritualisées ?

Qui oserait même dire que les lois religieuses et les lois scientifiques auxquelles sera soumis l'homme futur de la Terre nouvelle et des Cieux nouveaux, ne soient encore plus subtiles et plus mystiques ?

Mais jusqu'au moment de la destruction de notre globe, phénomène social et cosmique qui, aux yeux des idéalistes, constituera la vraie et seule Révolution intégrale, la Révolution chérie, la Révolution désirée, parceque, par elle, l'homme recouvrera ses facultés primitives de l'Eden, jusqu'à la formation d'une nouvelle planète, les lois religieuses et les lois scientifiques resteront les dogmes immuables de la science et de la foi et l'évolution, loin de les atteindre, les mettra, au contraire, de plus en plus en lumière.

L'évolution n'atteint que le mal.

Partout, en effet, elle montre le mouvement et la vie, l'atténuation progressive des conséquences de la chute, la destruction lente du contingent, des faux dogmes, des hérédités politiques et économiques, des immobilités mauvaises.

Le catholicisme, pénétré des idées de création, de chute et de rédemption, ne saurait accepter dans toute son étendue la théorie de l'évolution, mais il doit l'adapter à sa conception du monde.

Une théologie nouvelle doit surgir et enseigner l'évolution de la physiologie de l'homme et de l'univers.

L'homme contemporain n'a plus le même corps, ni la même âme de son ancêtre d'il y a dix ou trente siècles, et la psychologie de l'homme de l'avenir sera différente de la nôtre.

De même la nature s'est modifiée et les forces brutales et inconscientes se sont, grâce au travail humain, adoucies et disciplinées.

Le principe de l'évolution montrera un horizon nouveau aux âmes chrétiennes, maintenant courbées par le sentiment de l'éternité du mal et par la foi que ce mal, auquel l'individu et la collectivité ne peuvent se soustraire, ne diminuera jamais.

Il en a toujours été ainsi, il en sera toujours de même, voilà l'expression triviale et impie de cette fausse théologie, imprégnée de sentiment monarchique, qui semble glorifier le piétinement éternel dans la fange et légitimer la haine des partis démocratiques.

En s'incarnant dans la philosophie catholique, l'idée d'évolution éliminera cette doctrine mortelle et le chrétien qui, chaque jour, dit le « Notre Père », trouvera, dans cette prière, l'écho religieux de ses propres aspirations sociales.

La prophétie des Ecritures qui annonce l'humanité unifiée ne sera plus seulement un symbole, mais une réalité future, et le renouvellement de la terre et des cieux apparaîtra comme la résurrection sociale de l'humanité et son retour dans le monde édénique.

L'Eglise n'aura non plus qu'à se glorifier de l'esprit scientifique, parce que celui-ci sera la mort de l'ironie et du dédain.

Je voudrais que ceux qui déversent le sarcasme sur les choses religieuses appliquent le libre examen aux lois de l'Evangile et qu'ils se posent ces questions : mais qu'est-ce donc que l'Evangile ? Ai-je lu ce livre ? Avant de parler de chimie ou de mécanique, j'ai du étudier les propriétés des corps et démontrer bien des théorèmes. Ai-je fait en matière religieuse les études préliminaires indispensables ?

J'aimerais alors les voir ouvrir le Nouveau Testament et prêter à ces affirmations du

Christ, effrayantes de profondeur, la même attention qu'à une question scientifique :

Aime tes ennemis.

Heureux les cœurs purs.

Celui qui regarde une femme pour la convoiter a déjà commis l'adultère en son cœur.

Si ton œil te fait tomber dans le péché, arrache-le.

Combien sortiraient convertis de cette étude et assoiffés de culture religieuse ! Combien, dans cette méditation solitaire, forme de la confession de l'avenir, sentiraient suppurer de leur âme comme des abcès de pourriture morale ! Chez combien aussi pénétreraient le sentiment de la culpabilité, du repentir et de la nécessité de l'expiation.

Ce n'est donc que l'esprit scientifique qui créera des jeunes gens, des hommes, des jeunes filles, des femmes à la foi consciente, vive, raisonnée, résistante aux entraînements et dans l'âme desquels s'épanouiront les vertus chrétiennes.

Il inspirera aussi à l'Eglise la pensée de proclamer des dogmes sociaux par lesquels elle sera vraiment la lumière du monde :

Le dogme social *du droit à la vie;*
— *de l'unité de la race humaine;*
— *de l'avènement d'une humanité unifiée;*
— *du renouvellement de la terre et des cieux.*

La philosophie catholique éclairera alors la marche des humains et, inspiratrice des démocraties, elle formera des hommes qui, dès le berceau, recevront, en même temps que les vérités religieuses, les vérités sociales extrêmes et idéales.

Mais, pourra-t-on objecter, si le socialisme interprète les écritures, s'il veut créer de nouveaux dogmes, que devient le droit de l'Eglise, qu'elle réclame pour elle seule, d'expliquer l'Evangile ?

L'interprétation individuelle n'est pas en contradiction avec l'interprétation de l'Eglise.

Le Pape, quand il veut définir une vérité, c'est-à-dire la vulgariser, la propager, ne s'entoure-t-il pas de documents humains ? Ne sollicite-t-il pas l'avis des hommes les plus divers ?

Eh bien, le socialisme dualiste, pénétré de science mathématique et de science religieuse, n'attendra pas qu'on lui demande des conseils, il les donnera d'avance. L'Eglise peut-elle s'inquiéter de cette initiative ? Ne doit-elle pas plutôt s'en réjouir ?

Nous ne nous insurgeons pas contre le catholicisme. Loin de nous l'idée de rompre avec la Papauté. Il y a quelque chose d'inhumain et d'antiscientifique dans le désir de fonder une Eglise nationale et la Papauté, débarrassée sans idée de retour du pouvoir temporel, nous apparaîtra comme l'institution la plus sublime de l'humanité.

Elle est une force vivante d'internationalisme, comme l'annonce réaliste de l'humanité future unifiée. Elle est la prophétie en voie de réalisation suivant laquelle la société de l'avenir vivra sans patries particulières et sous la direction d'un seul chef.

Le socialisme dualiste, amoureux de l'unité religieuse et de l'unité scientifique et qui ne voudrait voir, dans l'univers entier, qu'un seul culte et qu'un seul système métrique ; qu'une seule philosophie et qu'une seule mathématique, le socialisme dualiste n'aura pour le Pape — incarnation de l'idée d'unité — que vénération et respect.

En invitant le Pape à proclamer des dogmes sociaux, il ne fera donc que son devoir de collectivité chrétienne. La plupart de ces dogmes sont des dogmes d'évolution qui s'évanouiront au fur et à mesure du développement scientifique. Le dogme social du droit à la vie aura-t-il, en effet, sa raison d'être quand l'organisation du travail sera une réalité ?

Seuls, comme nous le faisions pressentir plus haut, subsisteront jusqu'à la fin de notre globe terrestre, *le dogme historique et les dogmes de l'action.*

Jésus n'a presque pas parlé de métaphysique. Il s'est surtout préoccupé des lois religieuses lesquelles sont les dogmes de l'action.

Le Décalogue, les lois de l'Evangile nous servent de lumière dans la vie de chaque jour.

Ils sont comme la traduction humaine de la pensée vivante de Dieu, comme les formules d'une science céleste dont la connaissance nous fait distinguer le Bien du Mal.

Le *dogme historique* est le résumé de l'histoire de l'homme et de la nature. Il représente la volonté de Dieu, contre laquelle vient se briser en vain la houle de nos volontés particulières.

Dieu existe..

Il a créé le monde.

A l'origine, la terre était bonne. Elle produisait, sans travail, ce qui était nécessaire à la vie. L'homme vivait en communication avec les esprits de la surnature et n'était sujet ni aux maladies, ni à la mort.

L'homme désobéit aux lois religieuses. Sa physiologie et sa psychologie perdirent, comme il arrive de nos jours, à l'ivrogne et au débauché, leurs facultés naturelles.

La souffrance, le travail, la mort furent les conséquences de la chute.

A cette évolution régressive succéda l'évolution progressive par la rédemption et la collaboration des lois scientifiques et des lois religieuses.

L'humanité est en marche vers le monde édénique et la destruction du mal qu'elle seule a créé.

Par l'organisation du travail et de la prise au tas, les professeurs de catholicisme n'auront plus recours à une sorte de mendicité répugnante. Le christianisme reviendra à la simplicité primitive. Plus de costumes sacerdotaux ni de statues particulières. La pensée de Jésus, seul médiateur entre Dieu et l'homme, remplira les églises et y fera régner l'égalité la plus absolue.

Plus de chaises au bruit aigu, discordant et païen, mais des bancs sans places réservées.

Le professeur d'enseignement religieux, digne et fier, se refusera à célébrer des offices dont la pompe varie avec la fortune.

Gratuité et identité des cérémonies religieuses, des baptêmes et des mariages, des enterrements et substitution aux messes payantes des « *cérémonies sociales quotidiennes* » en l'honneur des vivants et des morts.

Les temples resteront toujours, malgré la pompe disparue, la synthèse des beaux-arts. L'architecture, la musique, le chant, n'en seront pas bannis. Cependant, la partie essentielle des cérémonies consistera dans l'interprétation de la conception catholique du monde, des lois religieuses et dans les sermons dualistes.

Le sermon dualiste fera fuir la casuistique

raisonneuse, maladive, qui sanctifie et divinise le péché.

Plus de théologie du mensonge et des restrictions mentales.

En présence d'un vol et d'un mensonge, le théologien, ou plutôt l'homme de l'avenir, ne se demandera pas s'il est permis, dans telles circonstances, de voler ou de mentir. L'âme chrétienne et socialiste recherchera les causes de ce vol ou de ce mensonge et, pour les supprimer, quels sont, d'un côté, les vices individuels à extirper et, de l'autre, les institutions sociales à édifier ou à détruire.

Par là, la théologie deviendra sociale et elle ne parlera jamais plus de résignation inerte, stagnante.

La résignation est antiscientifique et antireligieuse.

Au Moyen-âge, époque sans science, on pouvait peut-être l'enseigner, mais alors qu'existent la défonceuse mécanique, la lieuse, n'est-ce pas une folie, une aberration scientifique, de se résigner au travail du pic ou de la faucille ?

D'autre part, n'est-ce pas une contradiction criminelle d'attiser la révolte contre le vice, et en même temps de s'opposer à la destruction de l'élément économique des causes qui le produisent, manque ou excès de richesse et chaos du travail?

Par les dogmes sociaux, la théologie complètera la philosophie catholique, et à côté de l'espérance religieuse, apprendra l'espérance scientifique, l'espérance sociale.

Hostile à l'idée de révolte individuelle, le socialisme dualiste éveillera dans les âmes celle de révolte scientifique et collective.

Ce n'est pas le socialisme dualiste qui dira à un anarchiste de lancer une bombe, de ne pas payer son loyer, et à un prêtre de jeter le froc aux orties.

Il lui dira plutôt: Ne faites pas de révolution pour vous personnellement, car il serait alors presque sûr que vous ne contribueriez plus à la faire pour tous. Suivez la législation actuelle dans la mesure où vos relations vous y obligent, et préparez par une propagande active les transformations économiques et religieuses que vous jugez nécessaires.

Que votre souffrance individuelle serve à la création d'une société où n'existeront plus les causes de la vôtre.

Par là vous ferez œuvre d'amour et non de haine.

Le pape futur, pape jeune, choisi pour 5 ou 10 ans par le clergé tout entier, avant de l'être plus tard par les fidèles, soutenu dans sa physiologie et sa psychologie par le fluide de la grâce, sans résidence fixe, un sans-patrie religieux et mystique, sera peut-être le meilleur appui des idées d'organisation scientifique des besoins de l'homme.

Il abolira universellement et progressivement le célibat et la vie monacale.

Les cloîtres sont des organes d'une société grossière et inorganisée.

Ce sont les publications obscènes, la laideur irréligieuse de l'usine, de la famille, des grandes artères des villes, l'insécurité du lendemain, qui ont chassé dans les monastères une foule d'âmes chastes et passionnées, l'élite peut-être des cœurs aspirant à la sainteté et à l'amour.

Le logement à tous, l'organisation du travail, la culture religieuse créeront un milieu scientifique et moral, où la vie contemplative sera possible et où on n'entendra plus de langage bassement équivoque.

Le chef du catholicisme introduira une terminologie contemporaine, abolira la confession auriculaire, la communion, les commandements de l'Eglise, rayera la foi en la transubstantation, dressera un catéchisme universel, abrégé de la philosophie chrétienne, supprimera l'emploi du latin et substituera à la doctrine de l'enfer celle de l'évolution indéfinie des âmes.

Il précisera aussi la doctrine de la grâce, de la vie divine.

Sans doute, la fréquentation des cérémonies religieuses, la méditation des dogmes de l'action, du dogme historique et des dogmes sociaux créent pour l'âme humaine, des dispositions à recevoir les forces vivantes de la surnature. Mais la vie divine naît beaucoup plus de l'activité spirituelle et manuelle, exercée dans le sens de la conception catholique du monde, que de la soumission passive aux habitudes et aux usages.

Les mots sacrement et prêtre disparaîtront.

La naissance, le mariage, la mort seront simplement l'occasion d'actes solennels d'adhésion aux principes de la philosophie chrétienne.

Je ferai inscrire mes enfants sur les registres religieux parce que je veux que, dès leur naissance, ils fassent partie du christianisme, la seule patrie future.

Je me marierai à l'église parce que ce n'est que dans le catholicisme que les mots d'amour et de fidélité ont un sens réaliste.

Je veux aussi que le professeur de science religieuse accompagne mon corps à l'incinération parce que je crois à la vie éternelle des âmes.

Le sacerdoce, d'autre part, est un phénomène social de l'humanité déchue et ignorante. Il durera, cependant, aussi longtemps que notre planète pour ne finir qu'avec la formation d'une terre nouvelle.

La distance entre le clergé et les fidèles ira d'ailleurs s'affaiblissant par l'abolition du célibat ecclésiastique, de la vie monacale et la diffusion de l'enseignement dualiste.

Jésus n'est la propriété de personne ni d'aucun groupe d'individus. Il appartient à tous et l'Eglise, telle une académie des sciences, ne conservera qu'un caractère d'académie religieuse directrice.

Le prêtre de l'avenir sera surtout professeur de science religieuse à l'*école dualiste communale*.

A chacun ensuite le devoir de s'assimiler par l'étude et la méditation, la philosophie chrétienne qui, alors, distincte des prêtres comme la mathématique l'est des mathématiciens, apparaîtra dans sa majesté objective.

Le Pape futur accomplira aussi l'union de toutes les Églises. Les questions de métaphysique chrétienne seront écartées ou, en attendant une nouvelle révélation, laissées à l'interprétation individuelle.

Toutes les confessions pourront s'entendre dans la définition suivante du chrétien :

Un chrétien est celui qui croit et pratique le dogme historique, les dogmes de l'action et et les dogmes sociaux.

Sont-ils chrétiens, ces catholiques, ces protestants, ces orthodoxes russes, ces âmes pieuses qui ne croient ni à la réalisation de l'unité humaine ni au renouvellement de la terre et des cieux ? Le sont-ils, quand ces affirmations leur semblent être seulement des symboles poétiques et quand leur christianisme n'a qu'une action intérieure, privée, sans élan social et justicier ?

Mais la mission spéciale, sublime du Pape consistera dans la détermination avec le concours des savants, de la physiologie et de la psychologie primitives, édéniques de l'homme et par suite de ses vrais besoins économiques.

L'absinthe, le tabac, la confiserie, la bijouterie, certaines industries de luxe, sont-ils des besoins factices, générateurs de faiblesse, de vice et de misère? Il importe de le préciser et d'en supprimer ou d'en modifier les industries néfastes.

De même le socialisme dualiste agitera les questions suivantes: ne serait-il pas bon d'anéantir les bibliothèques et les musées, collections des produits intellectuels et artistiques du passé?

Les lois religieuses et les lois scientifiques, l'Evangile et les mathématiques suffisent pour inspirer à l'humanité la création d'œuvres supérieures.

D'un autre côté, l'existence des trop grandes villes favorise-t-elle le développement de la physiologie et de la psychologie de l'homme dans un sens religieux?

Si la réponse est négative, pourquoi ne pas

détruire les cités d'une manière intelligente et scientifique ?

Le socialisme dualiste éveillera ainsi l'esprit d'initiative religieux.

Cet esprit d'initiative ne consistera pas uniquement dans le désir de culture morale individuelle, dans l'amour de la méditation à la fois quotidienne et personnelle de l'évangile, mais encore dans l'action religieuse collective.

Les lois religieuses ne doivent pas seulement rester à l'état de souvenir dans les cerveaux. Il faut qu'elles se réalisent, et de même qu'il serait absurde de ne voir dans les formules mathématiques que des expressions intellectuelles sans influence sur les phénomènes économiques, de même, il serait antiscientifique de croire que les lois religieuses ne doivent pas avoir d'écho réaliste sur les phénomènes de la vie intellectuelle.

Mais c'est surtout quand sera organisé le droit à la vie que le jeu des lois religieuses trouvera son amplitude et sa liberté.

Notre volonté, inclinée au mal par la chute et par la lutte économique, se redressera pour agir dans le sens du bien. Nos vices, nos imperfections, nos tares morales iront diminuant et non seulement nous fuirons, mais encore nous extirperons les professions où l'homme ne peut développer son intellectualité religieuse et scientifique.

L'homme futur détruira le théâtre et la vie théâtrale. Il ne se laissera pas éblouir par le charme du ballet ou la beauté des décors. Son intelligence religieuse dédaignera ces séductions de surface et de chair. Derrière ces apparences il ne verra, comme l'anarchiste, partout que l'être humain, l'individu. Il se délivrera de l'esprit synthétique quand celui-ci s'applique à l'homme.

Un régiment déployé en tirailleurs, sur les bords du Rhin ou en Irlande, champs de bataille de l'avenir, pour implanter par la force les idées d'organisation du travail et de rédemption sociale, aura une certaine beauté, mais un régiment aligné, bêtement immobile, est l'image de la laideur.

L'acteur, l'actrice, peuvent-ils, en tant qu'individus, accomplir leur destinée religieuse et scientifique ? Dans cette vie factice ne peut naître ni l'individualisme religieux, ni même un individualisme d'assimilation ou d'émulation. En outre, jamais le théâtre n'a répandu une seule idée scientifique et religieuse. Voulût-il le faire que cette vérité, isolée, détachée, sans aucun lien avec une conception philosophique du monde, mêlée à de la déclamation, perdue dans des frivolités, ne représente plus rien, tellement elle est dénaturée, déformée, rapetissée, enlaidie.

Les jeunes gens et les jeunes filles de l'avenir qui sentiront en eux le don de l'éloquence, le don d'agir sur les hommes par la parole, trouveront dans la culture religieuse et scientifique le moyen d'utiliser leurs aptitudes naturelles et de se créer par leurs propres études le rôle social et humain qu'ils devront jouer.

L'éloquence future se confondra avec la science. Elle sera moins un art qu'un raisonnement scientifique.

Ce même esprit d'initiative religieux déterminera également une action à la fois populaire et gouvernementale, dans le but d'empêcher l'impression des journaux porteurs de débauche et de pourriture morale.

Dans l'avenir, non seulement on ne trouvera ni romancier, ni auteur dramatique, ni architecte qui veuille dresser le plan d'un théâtre, mais encore il n'y aura pas de typographe qui consente à imprimer des publications romanesques, ni de maçon qui collabore à l'édification d'un opéra.

L'homme futur comprendra le rapport étroit qui lie la loi scientifique à la loi religieuse. Il se rendra compte combien la loi de solidarité et de réversibilité est profonde et universelle et que les vibrations de la corruption qui règne à New-York et à Sydney viennent se résoudre à Dublin, à Paris et à Varsovie, en misère économique et en suicides.

Cependant le socialisme dualiste sera loin d'être une philosophie triste et maussade.

Comme le christianisme, il ne sera ni pleurnicheur, ni sentimental.

Il sait que la souffrance est fatale, nécessaire, qu'elle est l'instrument du perfectionnement infini ; mais il sait aussi par les dogmes sociaux, que la douleur va diminuant et qu'avec le renouvellement de la terre et des cieux, les conséquences héréditaires de la chute, l'ignorance, les deuils, les maladies, la mort même finiront par disparaître.

La joie ne jaillira pas de l'ironie ni de la

caricaturé mais de la vérité religieuse et scientifique.

Le roman et le théâtre, traitent, en général, du sentiment de l'amour. Pourquoi les lire quand dans une seule ligne il y a plus de poésie réaliste et sainte que dans toutes les bibliothèques? Où donc trouver mieux l'idéal de l'amour que dans cette loi religieuse qui s'adresse à ceux qui s'aiment : Vous ne ferez qu'une seule âme et qu'une seule chair.

D'autre part, quelle est l'utilité de parcourir des volumes sur l'évolution des sociétés quand je sais que nous marchons vers l'unité humaine et le retour au monde édénique ?

La foi intelligente aux dogmes sociaux ne recueillera que dédain de la part de la pseudo-science allemande faite d'une érudition qui abêtit et détourne de l'action ; mais elle fera des têtes claires, illuminées par des idées précises et promptes à la vie active.

La psychologie des distractions sera établie. Les distractions évolueront avec l'organisation du travail. A un travail long et pénible, comme à l'oisiveté païenne, sans direction religieuse et scientifique, correspondent des distractions de même nature, l'ivrognerie et la luxure.

Quand le travail sera organisé, le travail manuel lui-même sera une distraction qui alternera avec la musique, la danse, les sports, la peinture et les cérémonies religieuses.

Le socialisme dualiste abordera hardiment le problème de l'amour. L'amour est la vie même et au lieu d'être comme aujourd'hui subordonné aux caprices et aux préjugés, il fera l'objet d'un chapitre de la philosophie chrétienne et d'un enseignement scientifique régulier. Le couple futur saura s'aimer.

Dans le monde s'établira une conception plus religieuse de la famille qui, trop souvent, par des considérations économiques, étouffe dans leur germe les aspirations enthousiates et mystiques de l'enfant. Dieu est le créateur des âmes, les parents ne sont que les créateurs des corps, voilà la loi religieuse nouvelle qui dominera les relations familiales.

Ainsi le socialisme dualiste interviendra dans tous les domaines. Il imprimera à la Révolution future un caractère dualiste qui fera d'elle un mouvement profondément humain.

Uniquement économique, cette Révolution ne trouverait pas assez de force pour ressusciter en l'homme les énergies primitives et pour détruire les fausses sciences et les fausses industries.

Vouloir détruire les armées, la misère économique sans vouloir détruire le mal qui est en nous, nos mauvais désirs et nos mauvaises pensées, c'est une grandiose absurdité.

Uniquement religieuse, elle serait sans solidité et sans puissance parce qu'elle ne tiendrait pas compte de la loi religieuse qui règle les rapports de la nature et de la grâce.

Thomas d'Aquin et Karl Marx se sont trouvés d'accord pour établir que les conditions économiques sont la base de la vie intellectuelle et morale.

Les œuvres de philanthropie, de charité indiquent le mal sans le guérir et l'organisation du travail, du droit à la vie est l'œuvre religieuse par excellence.

D'autre part, le socialisme dualiste aura l'ambition d'étendre sur le globe les principes dont la France sera la première terre d'application et, tout d'abord, par une propagande européenne d'une aveuglante précision, de

Table des matières

Vienne, imp. OGERET & MARTIN, 12 & 12 bis, place du Palais

www.ingramcontent.com/pod-product-compliance
Ingram Content Group UK Ltd.
Pitfield, Milton Keynes, MK11 3LW, UK
UKHW021225230726
13926UKWH00003B/1243

9 782013 653657